PENSÉES

D'UN ÉLECTEUR.

IMPRIMERIE DE LACHEVARDIERE,
RUE DU COLOMBIER, N° 30, A PARIS.

PENSÉES

D'UN ÉLECTEUR.

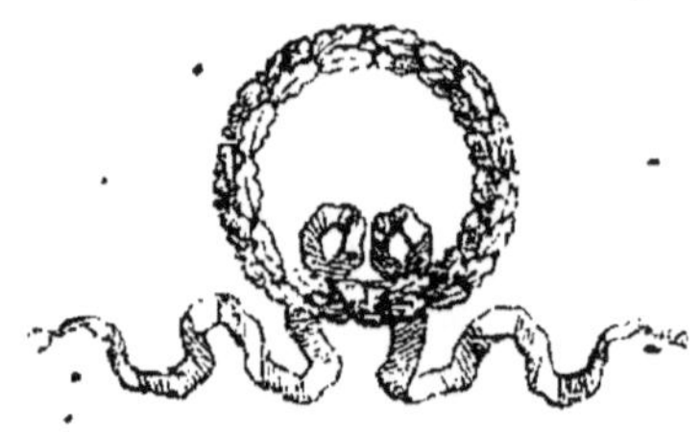

Paris,

CHEZ TOUS LES MARCHANDS DE NOUVEAUTÉS.

1829.

PENSÉES
D'UN ÉLECTEUR.

CHAPITRE PREMIER.

Plan et but de cet opuscule.

Toujours et partout les cris de tyrannie et de liberté furent employés pour bouleverser les états. Catilina méditant l'embrasement de sa patrie ne combattait, disait-il, que la tyrannie des patriciens, et appelait le peuple à la liberté ; Cromwell et les révolutionnaires français, confondant dans leurs assassinats les rois, les grands et le peuple, invoquaient aussi la liberté.

Afin que personne ne puisse se méprendre sur des expressions qui enflamment les passions les plus généreuses comme les plus terribles, nous croyons qu'il est utile de définir la liberté et la tyrannie.

Aujourd'hui que la France retentit encore de ces cris sinistres, il est important d'examiner ce qui manque à sa liberté, ou quel est le genre de tyrannie dont elle aurait le droit de se plaindre.

Enfin si la liberté est comprimée et qu'un joug tyrannique se fasse sentir, nous indiquerons les moyens que nous croyons propres à rétablir un équilibre dont la destruction entraînerait la ruine de l'état.

CHAPITRE II.

De la Liberté.

« La liberté gouverne, et la licence opprime. »

La liberté a ses adorateurs, ses fanatiques et ses ennemis. Invoquée depuis des siècles, cause ou prétexte de tant de révolutions, son nom magique arma souvent les sujets contre les rois, les citoyens contre leurs concitoyens, les peuples contre les peuples. Les vertus ou les crimes, la gloire ou l'avilissement des nations semblent la recommander presque également à l'amour ou à la haine; telle que la déesse voilée des Germains, elle imprime la terreur ou la vénération, sans qu'elle soit connue ni définie.

Qu'est-ce donc que la liberté?

L'indépendance nationale est le principe de toute liberté.

La liberté individuelle consiste: 1° dans la

protection efficace et constante des lois contre toute agression ou entreprise injuste, tant du gouvernement que des particuliers ; 2° dans le droit acquis à chacun d'employer dans ses intérêts privés ou au service de l'état ses facultés morales et physiques, 3° dans une sage tolérance compatible avec l'ordre et la raison.

Si cette définition est exacte, elle rend facile la recherche du gouvernement le plus favorable à la liberté.

L'indépendance nationale n'est assurée que dans un état où elle est défendue par des armées permanentes, objet d'inquiétude pour toute constitution républicaine.

La liberté individuelle, qui redoute les rivalités ambitieuses et les investigations d'un gouvernement ombrageux, n'a d'existence que dans les monarchies tempérées.

La liberté est d'autant plus grande qu'un état puissant et riche offre à l'ambition de tous un avenir qu'il est peut-être difficile mais au moins possible d'atteindre.

Il est dans la nature des choses qu'un gouvernement qui ne craint ni les discordes civiles, ni les guerres étrangères, protège les citoyens avec force et impartialité.

La liberté de conscience est d'autant moins

restreinte que l'état est plus à l'abri des révolutions.

Quelle est donc la forme de gouvernement qui garantit l'indépendance nationale, qui laisse à chacun le choix entre le repos et la gloire, et assure à tous cette liberté personnelle indispensable au bonheur de l'homme? Long-temps on a pensé à une république (1) dont les pouvoirs seraient sagement pondérés, mais nous qui préférons les leçons de l'expérience et de la raison aux utopies, nous sommes persuadé que c'est une monarchie tempérée, c'est-à-dire où la volonté du prince est soumise aux lois.

CHAPITRE III.

De la Tyrannie.

La tyrannie est l'abus de la force, dans l'ordre moral comme dans l'ordre physique.

Il y a abus de force dès que l'exercice de cette faculté n'est pas conforme au droit commun ou aux principes de justice et d'équité.

La tyrannie n'est pas toujours exercée par les princes, elle l'est encore par certaines lois, quelquefois par l'un des ordres de la société, par une ligue ou par une classe de citoyens.

Les républiques ne sont pas exemptes de tyrannie, et c'est la plus cruelle de toutes, parcequ'elle augmente sa force de l'autorité des lois.

Chez une nation vive, spirituelle, accessible à toutes les impressions, les écrivains exercent un empire immense. Si cette force, dont il est impossible de calculer les effets puisqu'elle agit sur les esprits, ne reconnaît d'autre régulateur que la fougue et l'incandescence des passions, elle usurpera une dangereuse tyrannie, elle tiendra dans l'agitation les citoyens et jettera le trouble dans l'état.

S'il y a déplacement ou augmentation de forces dans les ordres qui composent la société, et qu'elle soit menacée d'être asservie, ces effets sont progressifs, ils doivent être aperçus et aussitôt arrêtés par des lois anciennes si elles sont efficaces, nouvelles si celles-ci étaient impuissantes.

CHAPITRE IV.

De la Liberté de la Presse.

La liberté illimitée n'est autre chose que la licence.

La licence est le fléau, l'effroi des bons ci-toyens, tandis qu'elle assure aux méchans l'im-punité.

La presse affranchie de toute censure est le joug le plus humiliant, la tyrannie la plus odieuse que l'on puisse imposer à une nation sensible à l'honneur.

Avec elle toute célébrité est funeste, toute su-périorité vulnérable ; l'obscurité même la plus profonde ne préserve pas de ses atteintes ; le scandale, les malheurs de famille qui n'eussent pas retenti au-delà de l'enceinte d'un tribunal, sont recueillis avec soin, ils deviennent des ob-jets de spéculation, et sont publiés dans l'Europe, dans le monde entier ; plus de repos pour les victimes, l'infamie est partout devant leurs pas.

Adressez-vous aux tribunaux, disent les in-différens, mais c'est ajouter l'éclat à la publi-cité: répondre; mais tous n'ont pas le talent d'écrire, et la défense est moins facile que l'atta-que. Pour rendre égales les forces défensives et offensives, il n'y aurait qu'un moyen, réprouvé, il est vrai, par toutes les lois divines et humaines : si vous avez la folie d'accorder à deux mille libel-listes la faculté d'attaquer leurs concitoyens dans ce qu'ils ont de plus cher, la réputation et l'hon-neur, obligez-les à signer leurs écrits, et que le mode et la mesure de la réparation soient aban-donnés à la discrétion de l'offensé.

On parle d'amendes, mais l'esprit de parti ou même la pauvreté du libelliste rendent la pu-nition illusoire.

Quelle serait la peine afflictive susceptible de compenser la perte d'une réputation honora-ble (2)? Certes ce n'est pas une réclusion de quelques mois; je ne sache que le bannissement à perpétuité.

Mais il faut un procès, des frais et des embar-ras, et quels seront les juges dans ces matières délicates? L'offensé peut seul apprécier la profon-deur des blessures qu'il a reçues, à lui seul ap-partiendrait donc le droit de les punir. Or quelle est la nature d'un privilége accordé à quelques misérables, qui vous oblige, pour être juste, à investir tous les membres de la société du droit indéfini de juger et de punir dans leur propre cause ? .

On dit encore : La liberté de la presse périra par ses excès. J'aimerais autant que l'on dît d'un fou furieux : Laissez-le faire, il suffoquera dans un accès de rage; ou : Un plus fort que lui l'étranglera.

Les dangers de la presse, par rapport au gouvernement, ont été mille fois signalés; ils sont d'une nature encore plus alarmante.

Est-il de la dignité du gouvernement de reculer devant un obstacle si misérable ? Qu'il veuille seulement compter ses ennemis, qu'il range d'un côté les persécuteurs et de l'autre les victimes; deux mille libellistes, et la France entière.

CHAPITRE V.

De la Liberté de la Presse, et de la Loi actuelle des Élections.

« Un gouvernement libre ne saurait se maintenir s'il n'est par
» ses propres lois capable de correction. »

MONTESQUIEU.

On se demande avec anxiété : L'antique monarchie française sera-t-elle renversée par la licence de la presse et par une loi d'élection ?

La Charte a-t-elle accordé aux écrivains de tels priviléges que la nation entière en puisse être opprimée et l'existence du gouvernement menacée ?

Est-il possible de modifier la loi actuelle des élections ?

Consultons la Charte :

« ART. 8. Les Français ont le droit de publier
» et de faire imprimer leurs opinions, en se con-

» formant aux lois qui doivent réprimer les abus
» de cette liberté.

« Art. 35. La chambre des députés sera com-
» posée des députés élus par les collèges électo-
» toraux, dont l'organisation sera déterminée par
» des lois.

« Art. 40. Les électeurs qui concourent à la no-
» mination des députés ne peuvent avoir droit de
» suffrage, s'ils ne paient une contribution directe
» de 300 fr., et s'ils ont moins de trente ans.

Si les lois sur la presse sont impuissantes, il
est conforme à la Charte de réprimer les abus
de cette liberté par des lois efficaces qui arra-
chent à l'oppression la partie la plus saine de la
nation et le gouvernement lui-même.

Je vois dans la Charte que la manière de don-
ner les suffrages, que celle dont les électeurs
doivent concourir aux élections, pourvu qu'ils
paient une contribution directe de 300 fr., seront
réglées par des lois subséquentes, sans qu'il soit
prescrit que ces lois seront immuables.

Mais quels sont les pouvoirs appelés à la con-
fection de ces lois?

Les Chambres : elles ne peuvent veiller aux
dangers qui naissent des abus de la liberté de la
presse, ils se présentent sous mille formes diverses; les lois préservatives ont sans cesse besoin

de correction, soit dans l'intérêt bien entendu de cette liberté, soit pour la sécurité des particuliers et celle de l'état. Une position élevée qui domine tous les intérêts, qui soit inaccessible aux passions; le roi enfin peut seul dicter ces lois et les modifier, de sorte qu'elles soient toujours en harmonie avec les besoins de son peuple.

J'entends les cris d'arbitraire et de tyrannie; mais il est un degré de confiance que l'on doit accorder au souverain: si déjà il est investi du commandement des armées de terre et de mer, et qu'il n'use de cette prérogative que pour la gloire et la sûreté de l'état, je ne conçois pas qu'il y ait danger à s'en reposer sur sa sagesse du soin de réprimer les abus de la presse; d'ailleurs n'avons-nous pas de puissantes garanties, le droit de pétition, le vote annuel des impôts, la responsabilité des ministres?

Nous sommes donc convaincus que les chambres ne peuvent s'occuper avec fruit d'une loi qui touche tant d'intérêts, qui remue tant de passions, et dont les dispositions sont susceptibles d'un nombre indéterminé de modifications. La Charte ne les a point investies d'un pouvoir qui est inhérent à la souveraineté même.

Nous en dirons autant des lois électorales: toutes les combinaisons sont admises par la

Charte, pourvu que les électeurs ne paient pas moins de 300 fr. d'impôts directs, et qu'ils soient au moins âgés de trente ans.

Ces deux dispositions formelles respectées, le roi peut adopter tel ou tel mode d'élection plus ou moins aristocratique, sans déroger aux articles 35 et 40 de la Charte.

La loi actuelle des élections est éminemment démocratique, et par conséquent basée sur un principe contraire à celui d'un gouvernement monarchique. On ne peut nier que la majorité des suffrages ne soit soumise au joug honteux des comités directeurs, que, d'un autre côté, la licence de la presse opprime tous les bons citoyens; or il y a donc oppression et tyrannie. Nous avons indiqué un moyen d'échapper à celle de la presse; nous proposerons un mode d'élection qui, en se renfermant dans la lettre et l'esprit de la Charte, présente l'avantage de soustraire les élections à toute influence étrangère.

CHAPITRE VI.

Nouveau Système électoral.

« Les censeurs jetaient les yeux tous les cinq ans sur la situa-
» tion actuelle de la république, et distribuaient de manière le
» peuple dans ses diverses tribus, que les tribuns et les ambitieux
» ne pussent pas se rendre maîtres des suffrages, et que le peuple
» même ne pût pas abuser de son pouvoir. »

MONTESQUIEU.

A Dieu ne plaise que j'accuse les ministres qui se sont occupés des lois électorales ; je veux même croire à la pureté de leurs intentions et à leur loyauté ; mais il faut convenir que leurs efforts n'ont pas été heureux, les uns en entrant dans un système de concessions aussi fatal à nos libertés qu'à la royauté même, d'autres en voulant, dit on, éluder la Charte.

Je proposerai donc comme système nouveau de revenir de bonne foi à la Charte et d'en observer la lettre : quant à son esprit, il faut bien convenir qu'il est monarchique, car toute autre supposition entraînerait la ruine de la monarchie et celle de la Charte.

En admettant ce principe, et l'impossibilité qu'une chambre des députés nommée sous l'influence d'un système électoral quelconque puisse et doive concourir à une loi électorale, on sera convaincu qu'au roi seul appartient le droit de dicter cette loi, d'y apporter les modifications commandées par le temps et d'impérieuses circonstances, et qu'alors seulement on n'aurait plus à craindre que les comités directeurs et *les ambitieux se rendissent maîtres des suffrages, et que le peuple même abusât de son pouvoir*. Et remarquez-le, cette autorité confiée au prince ne serait que celle dont jouissaient les censeurs à Rome. Les Français verraient-ils avec crainte leurs rois investis d'un pouvoir que les Romains confiaient à deux simples citoyens?

Je ne proposerai non plus rien de nouveau sur le mode d'élection à adopter : les peuples, les législateurs, les publicistes, ont prononcé en s'accordant sur la haute sagesse qui présida à la formation des centuries de Servius Tullius ; c'est encore après tant de siècles le système d'élection le plus simple et le plus juste : en effet les suffrages peuvent-ils être recueillis individuellement si tous n'ont des intérêts égaux et le même degré de lumière et d'indépendance ? Je propose donc que chaque département forme un collége électoral unique ; que ce collége soit composé de tous les hommes âgés de trente ans et au-delà, payant 3oo fr. d'impôts directs au moins ; que ce collége soit divisé en douze centuries qui donnent séparément leur suffrage ; que les députés soient élus à la majorité de ces douze suffrages.

Les électeurs seraient ainsi divisés dans les centuries : les listes étant formées de telle sorte que les plus imposés fussent inscrits en tête de la liste et que cette gradation fût observée jusqu'à la fin, après avoir fait l'addition des impôts payés par tous les électeurs, on diviserait ce total par moitié ; la première moitié indiquerait neuf centuries, dans lesquelles les électeurs seraient répartis en nombre égal ; la seconde moitié du total de l'impôt indiquerait trois centuries, dans lesquelles les électeurs seraient aussi répartis en nombre égal.

Ce système est conforme à la lettre de la Charte, puisqu'il n'appelle comme électeurs que ceux qu'elle désigne formellement : il n'exclut personne, et tous ses droits acquis sont respectés.

Ce système est conforme à l'esprit de la Charte, puisqu'il est monarchique ; il est juste envers tous, en mesurant l'influence des électeurs sur la fortune, sur le degré d'intérêt à la chose publique et l'indépendance personnelle.

En supprimant le double vote et les colléges d'arrondissement, il présente dans tous les colléges de département des élémens homogènes qui promettent moins de divisions dans une Chambre créée par des opinions plus constantes et plus uniformes.

Enfin ce mode d'élection n'est pas nouveau, il fut adopté par le premier peuple du monde, tant dans la formation de ses tribus que de ses centuries ; et, d'après l'opinion de tous les hommes éclairés, il contribua puissamment à sa prospérité et à sa gloire.

Je ne proposerai qu'une seule déviation à la Charte, mais seulement pendant dix ans et à titre d'essai : l'élection à trente ans. Il est tellement impossible qu'une loi si importante sorte d'un seul jet, qu'il serait peut-être sage de tenter une nouveauté sur laquelle l'expérience seule peut fixer l'opinion.

Après dix années, cette disposition ne pourrait être consacrée que par l'acquiescement des deux Chambres, parcequ'elle est contraire à la lettre de la Charte, et que le respect pour cette loi fondamentale est le meilleur gage de sécurité pour tous.

CHAPITRE VII.

CONCLUSION.

Loin de nous la pensée de conseiller une révolution ! Ceux qui la commencent ne la dirigent ni ne l'achèvent ; mais nous voyons avec douleur et inquiétude une classe de citoyens investie par les lois ou par le silence des lois d'une tyrannie intolérable à une nation qui connaît les principes d'une sage et véritable liberté.

Nous pensons qu'il est de l'intérêt de l'état, qu'il est juste et équitable que les suffrages ne soient pas comptés, mais pesés : car les fortunes médiocres, les petites passions, l'inexpérience, ne doivent pas l'emporter sur l'indépendance, sur les lumières et la sagesse. Nous pensons encore que des lois ne peuvent livrer l'état et les citoyens à la merci des libellistes.

Étranger à tout esprit de parti, nous ne nous sommes point occupé des personnes, mais des choses ; persuadé que l'expérience l'emporte sur les théories, nous avons médité l'histoire, et de très bonne foi nous offrons ses leçons.

Dans l'exil et l'infortune comme dans les circonstances les plus difficiles, Louis XVIII fit respecter sa haute sagesse ; cette impression fut si profonde qu'elle lui tint lieu d'armée en face de l'Europe entière. Les succès militaires ajoutèrent à l'éclat de ce règne glorieux, mais le temps qui consolide ou détruit manqua au législateur pour achever son ouvrage.

Le confident de ses pensées, son auguste frère, qui conserva loin de sa patrie un cœur si français, terminera des travaux sur lesquels quinze années ont jeté une vive lumière. La postérité unira dans ses souvenirs la gloire de Navarin aux garanties de liberté et d'indépendance assurées par un roi père de son peuple.

Nous dirons avec Montesquieu : « Que le prince » n'ait aucune crainte, il ne saurait croire combien on est porté à l'aimer. Eh ! pourquoi ne » l'aimerait-on pas ? Il est la source de presque » tout le bien qui se fait ; et quasi toutes les punitions sont sur le compte des lois. Il ne se montre » jamais au peuple qu'avec un visage serein ; sa » gloire même se communique à nous, et sa puissance nous soutient. Une preuve qu'on l'aime,

» c'est qu'on a de la confiance en lui, et que lors-
» qu'un ministre refuse, on s'imagine que le prince
» aurait accordé. Même dans les calamités publi-
» ques, on n'accuse point sa personne ; on se
» plaint de ce qu'il ignore, ou de ce qu'il est
» obsédé par des gens corrompus : *Si le prince sa-*
» *vait !* dit le peuple. Ces paroles sont une espèce
» d'invocation, et une preuve de la confiance que
» l'on a en lui. »

CHAPITRE VIII.

Motifs personnels de l'Auteur.

L'auteur ne se nomme pas, et rien ne l'y oblige puisqu'il n'attaque et ne loue personne : il se réserve la faculté de se faire connaître.

Aucun intérêt personnel n'influe sur ses opinions : très indépendant et sans ambition, il est dévoué à sa patrie, et profondément attaché à l'auguste famille de ses souverains.

En demandant l'élection à trente ans, il est encore très désintéressé dans cette question.

Effrayé de la licence de la presse et des conséquences immanquables de la loi actuelle des élections, l'auteur a cru devoir se rendre l'organe de l'immense majorité des bons Français : s'il a rempli cette tâche qu'il s'est imposée, son ambition est satisfaite.

FIN.

NOTES.

------

(1) Tout le monde sait quels furent le sort et la fin des républiques anciennes ; jetons un coup d'œil sur les républiques modernes

Peut-on envier le bonheur et la liberté des républiques d'Italie du moyen âge ? Une seule entre elles obtint une longue existence, mais si précaire qu'elle fut menacée par d'obscurs conspirateurs. Venise adopta l'aristocratie la plus absolue et la plus tyrannique, ses citoyens furent soumis à une inquisition d'état, et ses sujets n'eurent aucune part à la souveraineté ; les patriciens, dans la crainte d'être asservis, s'interdirent le commandement des armées, et appelèrent des troupes mercenaires. Cette ville dut sa puissance à des richesses acquises par le commerce du monde, mais Venise, dont la domination sans pitié pour ses enfans était odieuse à ses sujets, devait éprouver « que » les trésors s'écoulent facilement, que la constance et » la pauvreté ne s'épuisent jamais. »

La Suisse n'existe que par la politique et la jalousie des nations voisines ; et qu'est-ce que cette liberté qui ne laisse d'autre choix à l'ambition que le soin des troupeaux ou le service étranger ?

Les républiques éphémères d'Angleterre et de France, après avoir versé des torrens de sang, trouvèrent leur fin dans le despotisme le plus absolu.

La Hollande, affranchie par les secours de la France

et bientôt vaincue par elle, se défend avec les armées de l'Autriche et de l'Angleterre; mais vaincue, elle ne doit son salut qu'à la monarchie.

Les États-Unis, composés d'élémens homogènes, situés à l'extrémité du monde, ne peuvent être comparés à la vieille Europe : plutôt défendus que bornés par des fleuves, des lacs, des mers immenses, des forêts, des déserts, ils ne craignent ni guerre étrangère, ni invasion. Cet état sort des règles communes et fait exception ; d'ailleurs il ne compte pas une longue existence, et ses destinées sont incertaines.

Si nous consultons Montesquieu sur le sort des républiques, nous sommes frappés de la sévérité d'un arrêt basé sur l'expérience de tous les temps et de toutes les histoires : « Si une république est petite, dit-il, elle est » détruite par une force étrangère; si elle est grande, elle » se détruit par un vice intérieur.

» Ce double inconvénient infecte également les démo-» craties et les aristocraties, soit qu'elles soient bonnes, » soit qu'elles soient mauvaises; le mal est dans la chose » même. »

(2) « Quelque méchants que soient les hommes, ils n'o-» seraient paraître ennemis de la vertu, et lorsqu'ils la » veulent persécuter, ils feignent de croire qu'elle est » fausse ou ils lui supposent des crimes. »

LAROCHEFOUCAULD.

www.ingramcontent.com/pod-product-compliance
Lightning Source LLC
Chambersburg PA
CBHW051347060726
47596CB00004B/1799